Über dieses Buch:

Die japanische ZEN Philosophie ist ein Höhepunkt menschlicher Betrachtungen auf dem Weg zu innerer Harmonie und Einswerdung mit dem universalen Bewußtsein, das uns hervorgebracht hat (Satori). Die japanische Geisteshaltung, Japans Wirtschaftserfolge und seine langfristigen Strategien bleiben ohne ZEN unverständlich. Dieses Buch kann Ihnen das Tor zur Welt der Choans öffnen. Lernen Sie Japan verstehen:

Ohne Worte, ohne Schweigen, erfolgreich sein.

CIP-Kurztitelaufnahme der Deutschen Bibliothek

Alke, Detlef Harald

ZEN oder die Kunst zu lenken ohne zu denken/

(D. Harald Alke) - Flörsheim-Dalsheim: Anahata 1991
(Trainingsprogramme für Führungskräfte; 3)
ISBN 3-924722-06-4 NE: HST; GT
2. völlig neu gestaltete, bebilderte und wesentlich erweiterte Auflage 1994

Kyborg Institut und Anahata Verlag
Sylvanerring 17
D-67592 Flörsheim-Dalsheim
Tel.06243-7057, Fax.7058

ZEN

oder

Die Kunst zu lenken
ohne zu denken

Dieses Buch widme ich

meinem Meister
Roshi Tetsuo Nagaya

der mir mit einem einzigen Griff alles zeigte
worauf es ankommt

Es gibt zahlreiche Schriften über ZEN
ZEN jedoch entzieht sich jeder Beschreibung.

Ein ZEN-Meister der jüngeren Generation
sagte einmal zu mir, seit er ZEN richtig erfaßt habe,
können er auch nicht mehr Buddhist sein.
Die Identifikation mit einer bestimmten Religion
sei mit der wahren Erkenntnis unvereinbar.

Das deckt sich voll und ganz mit meiner eigenen Erkenntnis
und es entspricht den Worten Hermann Hesses,
der sinngemäß sagte, daß
"dem wahrhaft Suchenden kein bestimmter Weg der rechte sei.
Wenn er jedoch dereinst zur Erkenntnis gekommen ist,
sei ihm jeder Weg der rechte."

Es wäre verfehlt, hier an dieser Stelle und in diesem Sinne
einem meiner Lehrer Dank zu sagen, für etwas
Selbstverständliches, Unumgängliches, Notwendiges,
das sein mußte, das IST.

In diesem Buch finden Sie Sprüche,
deren Sinn darin besteht,
die Bahnen unseres konventionellen Denkens
zu transzendieren.

Es ist niemals die Aufgabe eines Zenmeisters gewesen,
Seine Schüler zum besonderen Denken zu animieren,
vielmehr,
sie am normalen Denken zu hindern!

Choans (ZEN-Sprüche) haben die Aufgabe,
das Undenkbare zu ermöglichen
und das Unmögliche zu realisieren.

In diesem Sinne enthalten die folgenden Seiten Anregungen zur
Überwindung vorhandener Normen
und Hinweise auf die Folgen für unser Denken.

Wenn es Ihnen gelingt,
sich vorbehaltlos dem Inhalt dieser Sprüche zu öffnen,
werden Sie nach und nach verblüffende Veränderungen
in Ihrer Wahrnehmung und Urteilsfähigkeit feststellen.

Schon bald werden Sie Entscheidungen treffen,
an die Sie früher kaum gedacht hätten
und in einer bis dato unbekannten Weise
erfolgreich Sein in Ihrem Tun.

Das ist der Sinn!

Jedes Tabu ist ein Hinweis,
daß es sich lohnt
die Grenze zu überschreiten,
die andere hinter sich gezogen haben!

Tabus sind Grenzen in unserem Bewußtsein
und haben nur als Aufforderung
zur Überschreitung
ihren Sinn und Zweck!

Focus on Zen!

sagte der Journalist.

Nur zu!

lächelte des Meister.

Du wirst Nichts erreichen!

ZEN

ist die Erklärung für Alles!

Denn ZEN erklärt Nichts!

Alles Leben ist Schein

ZEN bedeutet Sein

ZEN ist

Kraft

beruht auf der Stille des Seins
das ewiger Wandlung unterworfen ist
und stets doch nur
es selber bleibt

Ich denke wohl,
daß wir einander einst begegnen,
in diesem oder andren Leben.
Dann wächst aus unserem sich regen
ein steter Segen,
stetes Glück.

für Hisako Matsubara

Hara kam zu Ki:

Meister,
belehre mich über ZEN!

Da Du mich Meister nennst
und bist doch Mensch gleich mir,
wie könnte ich Dich belehren wollen!

Weiß ich doch,
daß jeder sein eigener Meister ist
aus eigene Gnade und Vollkommenheit!

Siehe!

Ich bringe Dir das Licht!
Einen Funken in der Finsternis!
Er soll Deinen Tempel erleuchten
und er wird die ganze Welt durchdringen!

Dankbar nahm der Meister den Funken
und nährte ihn,
denn er wußte,
daß ein Licht tausende entzünden kann.

Und siehe, es ward Licht!

Nachdem Du diesen Tempel erleuchtet hast,
ziehe hinaus in die Welt und erleuchte sie!
Sie kann es gebrauchen.

ZEN

involvierte Unermeßlichkeit

manifestiertes Nichts

ein Fixpunkt der Unendlichkeit

serielle Schnittstelle
zwischen Erde und Kosmos

Lange habe ich ein kleines Reiskorn genährt.

Endlich erwächst es
zur vollen Blüte des tausendfältigen Lotos!

Choan

Die Kunst zu Sein

statt zu denken

少蓀先生方家 雅屬 即正 丙寅春二月湘鄉曾后希

Der Sturm bricht los

die Stille kommt

Nur der ist ein Meister

der nicht mehr kämpft,

Er gewinnt jeden Kampf

ohne Mühe

So viel Worte

so viel Schweigen

so viel Nichts!

Leben

Sterben

In beidem zur Ruhe gekommen

bin ich.

Sehen

Hören

Schweigen

Endlich begreifen

Ich habe den Sinn dessen

was nicht ist erfaßt.

Deshalb bin ich.

Jedes Teil
ist ein Teil eines größeren Ganzen

Auch das größte Teil
bleibt eins.

Die Erkenntnis
erschöpft sich im Sein.

Der Geist
existiert auch noch jenseits davon.

Nicht die Menschen zum Denken
anhalten,

sondern
sie daran hindern!

Quelle des Nichts

Fülle des Lichts

Fülle des Nichts

Hart wie das Wasser
sanft wie der Stahl
gleißende Nacht
dröhnende Stille.

So, meine Seele,
durchdringst Du das Nichtsein
der Ewigkeit
Ende.

ZEN

ist die Basis allen SeinS.

Es ist die Dunkelheit,
die das Licht gebiert!

Der Auftrag:

Mich selbst auszubilden
mit allen meinen Eigenheiten
war von Kind an meine Absicht.

Ich bin ein Teil von jener Kraft,

die ständig sich aufs Neue schafft.

Ich bin!

Und das allein,

ist Grund genug

zum glücklich sein!

Lerne,
und Du wirst wissen!

Handle,
und Du wirst verstehen!

Öffne Dich,
und die Kraft wird Dich erreichen.

Liebe,
und Du wirst erleuchtet!

Wissen ist Verstand
Verstand ist begrenzt.

Sein ist grenzenlos
grenzenlos ist Sein.

Entscheidungen dienen dazu,
ein Ziel zu bestimmen
oder ein bekanntes Ziel zu erreichen.

Ob das Ziel befriedigend ist,
sollte vorher geklärt werden!

Wollen bedingt Ziele,
die immer nur bis zum nächsten Ziel
Gültigkeit haben.

Mein Glaube
trägt mich in Gelassenheit
gleich einem Boot
auf dem Lebensstrom voran
zu neuen Ufern
und exotischen Inseln
der Glückseligkeit.

Der Feuerspruch:

Neid entfacht
Haß verbindet
und Liebe
beendet die Schlacht.

Schwarz und Weiß

Wir werden einander nie Gewißheit geben
und doch uns oft begegnen
in diesem und in andren Leben.

Wir werden einander nie Gewißheit geben,
doch fließt aus unserem sich regen
ein steter Segen
stetes Glück.

Meditation

ist die geeignete Methode
um erstarrte Konventionen zu durchbrechen
ohne zu verletzten
um innovative Konzepte zu realisieren.

In der Meditation
erfahren die Beteiligten
ihren wahren Wert.

Ohne Worte
ohne Schweigen
ohne Blöße
ohne Gnade.

So schwankt der Zweifler
über den Pfad
zwischen Wissen
und Nichtwissen
bis er die Mitte erreicht
in sich.

Es gibt einen Weg!

Es gibt immer einen Weg!

Es gibt ganz gewiß immer einen Weg!

Alles

geschieht stets in der richtigen Reihenfolge!

Ich habe die Botschaft erhalten,
die Du nie ausgesandt hast.

So gestatte mir denn,
nicht zu antworten!

Hättest Du geschwiegen,
so hätte man Dich als wahrhaft Weisen
nicht zur Kenntnis genommen.

Warum mußtest Du der Lust frönen
und Deine Schande offenbaren!

Nun wird man uns für Narren schelten
und mit Ehren überhäufen,
die wir nicht verdient haben!

Durch Bestechung wollen sie uns
ihnen gleich machen.

Je hartnäckiger Du dich wehrst,
desto größer die Belohnung!

Wie könnt Ihr ZEN pflegen
und doch die Toten ehren,
die nie gestorben sind!

Eure Blindheit
wird nur von Eurem Fleiß übertroffen!
Und Euer Fleiß ist Qual.

Warum besudelt Ihr die Welt
mit Eurem Wissen,
statt endlich mit den Göttern
zu fliegen, an die keiner glaubt!

Fegt die Last der Zukunft von Euren Schultern,
die längst schon starb in der Vergangenheit!
Nur die Freien erreichen die Sterne,
die keine sind.

Heißt mich schweigen in meiner Stille,
ich bin blind und begehre Nichts.

So viel wurde geschrieben über ZEN!

Wie kann man schreiben
über Nichts!

Ich schreibe nicht,
ich singe!

Des Daseins junger Tag
war nur ein Dröhnen,
keine Ohren zu hören,
kein Auge zu sehn,
und doch **war ich**!

A und O

Wendest Du Deinen Blick nur aufs Hier und Jetzt
magst verbissen Du werden.
Einsam fühlst Du Dich,
wenn der Hauch der Ewigkeit Dich nicht mehr berührt.

Wendest Du Deinen Blick ins ewige Nichts,
mag Dir das Lachen vergehen.
In der Ewigkeit gehst Du auf,
ohne daß Sinne sich regen.

Du bist Mensch,
Schnittstelle zwischen Gott und der Ewigkeit.
Dein Körper ist Raum und Zeit,
Gewebe des Nichts, erstarrtes Licht.

Wenn Dein Blick die ewigen Weiten verläßt,
magst Du getrost lachen.
Gott lacht mit Deinem Mund.
Er hat Dich so geschaffen.

Nutze die Zeit: Lebe!

Kurze Anleitung zur ZEN Meditation:

Setze Dich im Yogasitz (halber Lotos genügt) auf den Boden oder knie nieder und setze dich auf die Fersen. Im Yogasitz müssen die Knie unterhalb des Bauchnabels bleiben, sonst hat es keinen Wert. Wenn das nicht möglich ist, lege eine Rolle oder ein Kissen unter den Po. In der knienden Position lege ebenfalls nach Bedarf ein Kissen oder eine Rolle zwischen die Füße oder benutze eine Meditationsbank.

Achte darauf, daß Deine Wirbelsäule gerade aufgerichtet ist, nimm Dich etwas zurück, denn fast alle Menschen neigen dazu, daß sie sich nach vorn lehnen. Nimm das Kinn etwas an den Hals heran, ohne den Kopf zu senken. Dadurch steckst Du den Nacken.

Deine Augen sind fast geschlossen und Du schaust durch die fast geschlossenen Lider schräg vor Dir auf den Boden. Diese Übung regt das 3. Auge an.

Nimm die Hände nach vorn und lege die rechte Hand in die linke Hand. Die Hände liegen leicht gerundet ineinander wie ein Körbchen. Die Arme hängen seitlich locker, die Schultern sind ganz gerade, leicht nach hinten genommen, die Brust ein wenig nach vorn gestreckt. Die Hände berühren den Körper nur ganz leicht. Der kleine Finger den linken Hand berührt den Körper einen Zentimeter oberhalb des Bauchnabels. Die Daumenspitzen berühren sich leicht und die Daumen sind aufgerichtet. Auf diese Weise bilden die Hände und die aufgerichteten Daumen einen Kreis. Hier befindet sich Deine Mitte, Dein Zentrum: Hara. Im Yoga ist es das 3. Chakra.

Atme tief, ruhig und gleichmäßig durch die Nase. Behalte diese Position bei, solange Du kannst. Laß' die Gedanken kommen und gehen, meditiere über Texte aus diesem Buch und denke schließlich an nichts mehr.
Sei einfach Du selbst.
Satori geschieht von allein wenn Du bereit dafür bist.

Nachwort

Viel tun,
wenig erreichen

Weniger tun,
mehr erreichen.

Nichts mehr tun,
alles erreichen.

chinesische Weisheit

"Philosophie,
die Tätigkeit des Nachdenkens,
ist das Bewußtsein des Nichtwissens."

Sokrates

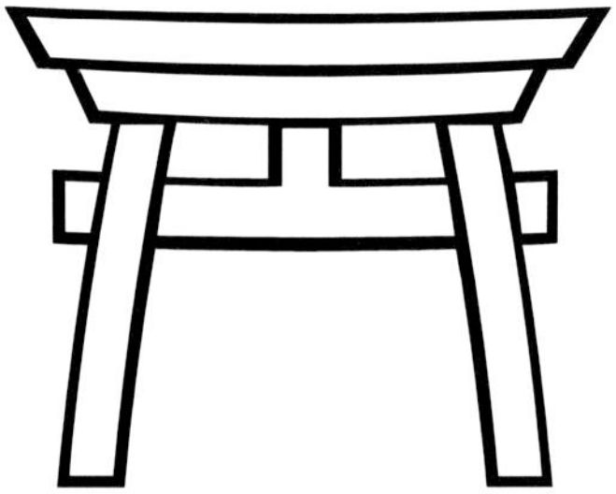

Aus der hohen geistigen Schule des Dhyana Yoga in Indien wurde "der Weg der absoluten Erkenntnis" nach China getragen. Dort ist er bekannt als "Kunst des Ch'an". Daraus entwickelte sich später die ZEN Philosophie in Japan. Die intuitive und meditative Malerei Chinas ist besonders gut geeignet, die Zeitlosigkeit der ZEN Choans zu unterstreichen und kreativ zu ergänzen. Sie ist weicher und gefühlvoller als die japanische Malerei. ZEN Choans sind ebenso wie die andeutende, traumhafte Malerei Chinas nur intuitiv zu erfassen und niemals rational zu ergründen.

Lau Siu Lui, Master of the Taiyilou, hat sein Leben lang die chinesische Malerei gefördert und seine Sammlung jetzt dem Hong Kong Museum of Art zur Verfügung gestellt. An dieser Stelle möchte ich Meister Lau Siu Lui und dem Hong Kong Museum of Art Dank sagen für die Genehmigung des Copyright.

Über den Autor:

D. Harald Alke, Biotechniker, Staatsexamen 1966, studierte neben westlichen Wissenschaften ZEN bei Rhoshi Tetsuo Nagaya und bei Mahan Tantric Yogi Bhajan Kundalini-Yoga und Tantra. Seit 1976 widmet er sich der Erforschung der Natur des Menschen, seiuer Herkunft und Zukunft. 1984 gründete er den Anahata Verlag für "Bücher, die von Herzen kommen" und 1986 das Kyborg Institut für Synergetik und Psychokybernetik: Seminare, Beratung, Forschung, Energiepyramiden, Bücher, Kassetten, ätherische Öle.

Auf Wunsch senden wir Ihnen gerne Informationen über unsere Arbeit!

Das Wesentliche tun: Sich selbst entdecken!